메꽃의 기억

메꽃의 기억

이원문 시집

책나무출판사

목차

1부

2부

3부

4부

• 1부 •

봄 생각

기억에 돌아보면 아픈 봄이었고
보리밭 나부낄때면 슬픈 봄이었다
어느 꽃 하나 눈 안에 들어 오지 않았던 날
이제야 그 꽃들이 눈 안에 들어온다

세월이 덮어도 떠 오르는 그날들
추억이라 하기 보다 아픈 날이 아른 거릴때면
다시 돌아가 지나친 그 꽃이 되고 싶고
아픈 날에 슬픈 봄 모두 잊고 싶다

손톱의 양지

우리 엄마는 뜨락에 앉아
이쁘다 하며
머리 빗어주고

바느질 가쇠(가위)로
내 손톱을 짧도록
뭉득하게 깎아 주었다

그러구
밤에는 절대
깎는 것이 아니라 했다

봄 개울

산자락 올려보면
진달래꽃 수놓고
앞산 멀리 흰 구름
개울 건너 산 넘는다

양지에 피는 꽃
음지에 자라는 풀
버들 물 올려 푸릇푸릇 하니
새소리물소리 고인 물에 앉는다

아직은 시려운 물
흐르는 물소리
마음 씻어 주려는 듯
듣고 돌아서면 더 듣고 싶어진다

연기

돌아본 그날도
바라본 앞날도
하늘에 흘러 가는
구름 같은 것을
꿈 같은 인생 살이
여기가 어디인가
뜬 눈에 잠든 세상
담은 소리 흘리고
감은 눈에 보는 세상
다시 주워 담으니
담아도 흘릴 것을
세월은 알고 있나
뼛마디 살점에
무엇이 그려 있고
잘라낸 손 발톱이
아프다 하던가
길다고 자른 머리
무엇 위해 썼었나
걸치고 두른 옷이
몸뚱이 속였으니

얼굴에 주름 가닥
거울이 속였을까
그러면 세월은
무엇을 속였나
산 넘는 구름도
흐르는 강물도
그렇게 그렇게
지워지는 것을

진달래의 기억

보릿고개 넘으며 찾았던 진달래
할미꽃 슬픔에 지고만 진달래
나는 네 꽃에서 배고픔을 배웠고
외로운 할미꽃은 슬픔을 가르쳤지

나에게 네 꽃이 내일이고 희망이었던 날
논물 봇물 차가워 보면 산 그늘에 덮혀 있고
쓸쓸한 저녁 바람 어둠 몰고 올 때면
석양에 붉은 네 꽃 너도 춥고 나도 추웠지

산딸기의 기억

너를 찾아 오른 기슭
너는 네 잎새에
내가 볼까 숨었었지
바위 짚고 돌아서면
바람불어 보였었고

두서너 개 왼손에 쥐고
하나 따 입에 물면
그것이 나의 행복 이었고
누가 나와 함께 할까
쓸쓸히 찾은 너의 기슭을

팽목항의 봄

누구의 영혼이 저 하늘에 오를까
기다림의 노란 리본 바람에 펄럭이고
물속깊이 잠든 영혼 그날을 기억 한다

차가운 기뿐날에 잠들어야 했던가
가라앉는 뱃 속에서 불렀던 우리 엄마
우리 엄마 목소리 이제야 듣는다

봄 길

잊은 것도 없는데
잊은 것 같고
잊었어도 그날이
살며시 떠오른다

누구의 봄이
민들레꽃에 숨었나
양지에 돋는 풀
하루가 다르고

오르는 개울가
물소리 더 맑다
내일이면 개나리
모레쯤 진달래 활짝 피겠지

구름의 봄

이 산 넘는 너
머물 곳은 있는지
개울 건너
보리밭 지나면
올려보는 아이들
내려보겠지
뒤돌아 우리 울 뒤
복숭아꽃 구경하고

산자락에 그 외딴집
살구꽃은 어떻겠니
내 앞 냇가에 달려가
호들기 불테이니
그 소리 잊지 말고
꼭 기억 해다오
더 힘껏 불어
메아리에 남길 것이니

라일락의 밤

추억에 머리 묻고
눈감아보는 밤
이리뒤척저리뒤척
짧은 밤은 없는가

별 모으던 여름날
그날밤은 짧았는데
오늘은 왜 이리
길기만한 것인지

그날에 짧았던 밤
추억을 더듬는 밤
주머니에 거짓 된 별
다시 올려놓는다

가랑비

우산을 접어도
젖지 않는 마음
접은 우산 펴드니
추억으로 흐른다

펴든 이 우산 속
누가 나와 함께 할까
흘러내린 빗방울
눈언저리 적시고

누가 부르는 것 같아
돌아보고 싶은 마음
함께 할 용기 없어
홀로 걷는다

봄나들이

아직 이른 양지의 봄 구경
파란 봄 맞이 얼마나 더 기다릴까
나뭇가지에 트는 움 하루가 다르고
파랗지 않아도 양지는 파랗다

노란 민들레꽃 돋아난 새싹
여기 저기 파릇파릇 성급한 마음일까
보는 마음 하늘 높이 흰 구름 흐르고
생명의 그 소리 봄바람에 실려 온다

3월의 아우성

촛불집회
태극기집회
어느쪽 함성이 더 컸었나
잘못됐다 잘못 없다
누구의 말이 옳았고

또 한 곳의 지도자들
다음 대통령은 누가 될 것인가
전국을 다니며 잘 하겠다는 후보자들
그곳에도 옳고 그름 누구의 말이 옳은가
국민 손에 달린 그들 그들 손에 달린 미래

조용했던 진도 바다
팽목항 슬픔이 목포의 눈물 되나
세월호 떠오르니 말 많은 사람들
그 슬픔에 눈물로 바라보는 우리 국민
3월의 아우성 그칠날 없다

희망의 나라

역사의 교훈이
먹구름 되었나

그 밥 그릇 넘치니
있는 쌀인 줄 알았나

역사의 회초리에
바지 걷어 올리고

우리 국민 모두
그날 처럼 일합시다

허공의 뜨락

인생
인생은 두 번 다시
또 오지 않는 것을
이 시간의 나 무엇 하고 있나

구부러진 허리에
빗어 쥔 머리카락
몇 번 감아 뜬 눈에
어느 카락이 잡히던가

웃어도 울어도
지나고 나면 헛된 것을
그것이 아니라 하며
어떻게 살아 왔나

피는 꽃은 지고 나면
다음이 있으련만
우리네 인생 한 번 가면
그 다음이 있겠는가

열 손가락 접어 가며
무엇을 생각 했나
손 마디에 감긴 세월
어둠이 가리는데

문패의 봄

싸리문의 우리 집은
문패가 없었고
호랑이 할머니네는
문패가 있었다

모르는 글 한문에
높이 보여 부럽던 집
지나는 길 올려보며
닫힌 문안 들여다본다

봄 저녁

초저녁 소쩍새
밤새워 울으려나
장독대 우물둥치
한 바퀴 돌아도
그 소쩍새 울음
지칠 줄 모른다

초승달에 보리밭
어두컴컴한 밤
열나흘 보름이면
넘은 담도 밝으려나
우물 안 보름달
보리밭 비춰준다

구름의 강

네 흘러가는 곳
끝이 있더냐

산 넘는 구름인 나
끝이 어디인가

네 강물에 섞인 세월
이 바람이 모는 시간

넘는 산 넘으니
넘을 산이 또 있구나

그믐의 3월

일터 담 밑 양지를 찾았는데
그곳에 고향의 봄 꽃이 활짝 피어 반겨준다
제비꽃 민들레 냉이꽃 돋아난 쑥
가장자리 돋나물에 망초풀 이름 모를 풀

작은 꽃에 이름 모를 그 꽃들도 피어 있다
이 모두 고향에서 지나친 꽃이 아닌가
민들레 제비꽃은 그런대로 추억의 꽃인데
그 자그마한 꽃들이 이제야 눈에 들어온다

꽃 보다 더 가슴에 자라난 쑥
이 쑥을 어찌 잊을까 피눈물의 이 쑥을
돋나물 물김치에 꽁당보리밥
돋나물은 안 그런가 굳은 보리밥에 시어
꼬부라진 이 김치를

• 2부 •

제비의 고향

삼월삼질이라
강남 갔다 돌아온다는
오늘이 그날인가
기울어진 고향 집
찾아와 앉을런지

담 무너져 내려앉은
나 자란 초가집
울타리의 개나리꽃
아직 이른 복숭아꽃
거미줄 친 우리집 기억이나 할까

나뒹구는 돌 틈에
방초만 돋아난 집
쫓는다 앙살 하던
밥상 위의 제비식구
그때 그 시절 고향 제비 기다린다

민들레 사랑

꺾은 꽃 이 한 송이
누구에게 쥐어 줄까
쥐어주니 싫다 하고
머리에 올리니 울어댄다

주고 싶어 주었는데
정말 싫은 울음인가
부끄러움 감추려는
코흘리개의 순수인가

붙은 꽃 털어가며
덤벼들며 울던 순이
그 아련한 먼 기억
이름만 남겼다

하얀 찔레

하얀 날에 하얀 찔레
쓸쓸히 피었던 꽃
고향 기슭 외로움의
그 먼 훗날 꿈 이었나

추워 옷 여미면
바람에 날리고
미련 남아 돌아보면
그리움에 덮여 간다

고향 그림자

장독대에 어머니 그림자
아침 햇살 기다리고
들녘의 아버지 그림자
저녁연기 기다린다

점심 참에 허기진 들
누렁이 소의 고된 하루
중천의 해 언제 기우나
서산마루 바라본다

봄 그림

기억으로 더듬어보는 고향의 봄
어느 것 어느 곳 빼놓을 수 있을까
진달래 산자락 울 밑 개나리
멀리 이웃 동네 복숭아 살구꽃

개울 건너 보리밭 나부끼는 보리 내음
이 고향의 향기를 어찌 잊을까
개울 높이 종달새 보이지 않는 삐록새
담 넘어 한 그루의 라일락 향기 그윽 하고

먼 들녘 소 모는 소리 그 소리뿐이었나
참 내가는 엄마 따라 가기 싫다 우는 아이
개울 둑 찔레꽃 빨래 하는 엄마들
한 조각 구름까지 앞산 넘어 멀어진다

하얀 고무신

추워 찾은 툇마루
양지 바르고
뜨락의 봄
옛날을 읽는다
씻어 엎은 고무신
언제쯤 마를까

우물둥치의 두레박
물 한 모금 기다리고
담 그늘 난 한 포기
세상 구경 처음일까
저 난이 처음 처럼
깨끗 할 것인지

세월의 때 묻으면
그것도 아닐텐데
이 몸 같이 안 되리라
무엇으로 믿겠나
믿은 세월에 잎 늘어져

낙화에 보기 싫고

이 봄지나 여름이면
아예 천대일 것인데
속은 흙에 숨어드니
세월도 속였나
꽃 한 번으로 믿은 세상
그늘져 바람 분다

라일락의 밤

가라앉는 라일락 향기
소쩍새 우는 밤
사랑채 머슴 총각
우물둥치 맴돈다

두레박에 퍼 올린
목마름의 냉수인가
아니면 주인 어른
눈치보는 냉수인가

들어간 방 문틈으로
스며드는 라일락 향
머슴 총각의 긴긴 밤
첫닭울음 들려온다

딸기꽃

기와 담 밑
네 하얀 꽃

네 꽃에 꿈 묻으며
그날을 기다린다

어머니의 꽃

이 세상 어느 꽃이
어머니의 꽃 보다
더 소중한 꽃이었고
아름다운들 이 보다 더 아름다울까

어머니가 붙여준
하얀 꽃의 사발꽃
우물둥치에 이 꽃이 필 때면
어머니는 그 꽃보며 한 세월을 읽었다

제비꽃 마음

봄날 그 뒷동산
누가 찾았나
늘 보고 자란
흔한 꽃인데

관심 많은 것 처럼
발걸음 멈춰지고
오르는 길 몇 송이 따
잔디밭에 앉는다

엮어 매듭지면
꽃반지 될까
떨어가며 엮는 손
끼워 줄 사람 없다

봄 안개

자욱한 봄 안개 산자락 가리고
그 안개 허연히 보리밭 덮는다
안개로 덮힌 들녘 누가 먼저 들어설까
기와집 머슴 총각 누렁이 소 앞세우고
쟁기 지고 가는 들 안개 속에 멀어진다

저 안개 걷히면 무엇이 드러날까
산자락에 진달래 파란 보리밭
아랫 마을 울 뒤 복숭아 살구꽃
송아지 우는 소리 꿩 우는 소리
걷히는 안개에 적막의 봄 깊어간다

파도의 섬

어느 섬 찾아
어떻게 닿을까
오르면 부딪쳐
물거품 되고
그 백사장 휩쓸면
다 지워질 것인데

찾아가면 그 이름
남아 있을까
소라조개껍데기
묻은 곳에 묻혀 있고
그 옛날 찾아
다시 가고 싶어라

장날의 봄

기른 식구 보내고
새 식구 들어오는 날
황소 보내고 암소 들여오고
큰 돼지 팔아
새끼 돼지 들여오고
계획의 할아버지 이래라 저래라
듣는 아버지 잔소리 한다 돌아서 투덜댄다

볍씨 담그며 계획 하는 할아버지
암소 들여와 봄일 끝나면
이듬해 봄 새끼 내어 큰일에 쓸돈 만들고
돼지는 길러 추석 명절 보낼 계획이다
볍씨에 담는 꿈 할아버지의 볏가마니
마루 끝 계란 꾸러미 엮는 할머니의 계획
할머니 잔소리에 듣는 엄마 입 나온다

어른들 마음을 우리가 어떻게 알까
산으로 뛰고 개울로 뛰고
들녘은 일 무서워 부를까 겁이난다
바라보는 진달래 어느 곳이 더 많을까

개울 둑 훑으면 삐레기 찔레순 얼마나 뽑고 꺾고
할머니 눈총에 일만 해야 했던 우리 엄마
가고 싶은 장날 들녘 일에 하루가 저문다

고향 텃밭

장독대 담 아래 고향의 텃밭
기억의 텃밭에 채소가 커간다
마디 자란 검은 상추
손 마디의 시금치
종지 크기의 얇은 아욱
쑥갓 그리고 가장 자리의 파

이 모두 우리의 그 채소가 아닌가
우물 물 끼얹으니 가뭄 없고
오줌의 밑 거름에 새파란히 연하다
이 봄날 어느 반찬이 이 보다 맛있을까
장독대의 찹쌀 고추장
묶은 된장 항아리 아욱밭 바라본다

앵두꽃

두레박에 네 하얀 꽃 떨어지던 날
풋보리 찾아 눈 시울을 붉혔고

네 하얀 꽃 처럼 눈 앞이 하얗던 날
나는 엄마 찾아 구름 따라 산 넘었다

엄마 울지 마

내 이마에 찬 수건은
돌림병의 것이었고
흐르는 눈물은
우리 엄마의 것이었다

보릿고개의 돌림병 따라
첫닭울음에 떠나던 날
신던 신발 뒷동산
우리 엄마도 울었고

앞산 흙에 묻기 전
엄마 가슴에 묻힌 나
태우는 옷 연기 좇아
하늘로 올라갔다

물새의 강

네 찾은 강변
봄꽃들을 보았는지
바람 부는 여름이어도
그대로 있을까

그 바람 차가워
단풍으로 물드는 날
네 보내는 억새꽃
바람에 눕겠지

저승 가는 길

다 지우고 내려놓으니
내 것이 있던가
무엇을 바라보고
어떻게 살아왔나

두고 가는 이 모두는
감은 눈의 거짓이고
가느러질 정 하나는
보는 이의 거짓이다

산 넘는 구름과
무엇이 다를까
넘기도 전 어둠이 가리고
밝으면 그 정도 끊어질 것인데

하얀 달력

달력 뒷장은
볼 것이 없는데
넘기며 보는 앞장은
볼 것이 많다

들어 있는 내일 위해
오늘이 그려 있고
어제는 지우다 만
잊을 것이 많다

뒤집어 걸어놓고
하얗게 잊을까
끝날부터 지워가며
처음 날로 돌아갈까

괴롭히는 음력 양력
내일을 알 수 없고
오늘도 어제 처럼
다음이 속인다

사랑의 봄

보이는 꽃 아름답고
새소리 예뻐라
혼자만의 걷는 길
누가 나와 함께할까

눈 못 떼는 꽃마다
옛 모습이어라

잃었던 모습에
멈춰진 발 걸음
아 그 옛 사랑에
머물고 싶어라

• 3부 •

꼬마의 봄

싸리문 기웃대며 놀자 하는 아이
애들아 놀자 동무들 모으는 아이
애는 너 하고 놀지 않는데
엄마가 앞장서서 떼어놓는 아이

동무 없다 칭얼대며 치마자락 잡는 아이
시절에 아픔이 그것뿐이겠는가
길고 긴 보릿고개 가난의 그늘
그 아이 가슴에 민들레꽃 피어난다

고향의 마음

개나리 진달래
복숭아 살구꽃
이 꽃 지고 나면
보리 나부끼겠지

아카시아꽃으로
여름 맞이 하면
뜸북새 뻐꾸기
적막의 들 깨우고

그 시절로 돌아가
그렇게 살고 싶어라
다슬기 줍는 냇가에
발 담그며 고기 잡고

가을날 오색단풍
황금 들녘의 참새 떼
알암 주을 뒷동산 찾아
그 시절로 가고파라

눈 내린 하얀 지붕
굴뚝의 저녁연기
그날 처럼 그렇게
고향의 눈 밟고 싶어라

고갯마루의 봄

다 새롭구나
지금 못 오르면
다음이 있겠나

두 번 될 인생이
바라보는 곳마다
마지막 밤 꿈 같구나

산자락에 보리밭
다니던 저 아랫길
살던집 울밑도 처음 같구나

약속의 봄

아름다웠던 둘만의 길
나 잊지 않았겠지
걷다 보면 민들레
벚꽃 넘어 복숭아꽃

앉아보던 제비꽃
그날 그 제비꽃
시들지 않았을까
둘만의 먼 훗날이
오늘이 된 것 처럼

나 못 잊겠어
그날은 잊을 수 있었는데
훗날은 제비꽃에 숨겨 놓았어
그 반지 엮어 끼워 주려고

벚꽃의 일기

벚꽃이 어디 이렇게 많을까
다니는 길목 마다 하얀 벚꽃
그 옛날 고향에는 벚꽃이 없었다
가로수도 없었고 포장 된 길도 아니다

있는 벚꽃이래야 앞산 깊이 몇 그루
뒷산 넘어 멀리 희긋하게 보이는
기슭에 흰 점박이 서너 그루였다
벚 따러 찾아가면 높아서 오를 수 없었고

그림 같은 벚꽃 추억의 벚꽃
벚꽃을 보기보다 벚 익기를 기다렸고
주전자 하나 가득 벚 익기를 기다리던 날
익어 따오면 보리 베던 어머니가 바라보았다

고향의 아침

까치 짖음으로 아침을 여는 고향
제비는 더 앞서 새벽을 깨운다
게으른 민들레꽃 펴질 줄 모르는 뜰
오므린 꽃 이슬에 젖어 아침 햇살 기다리고
풀 몇 포기에 맺힌 이슬 하나 둘 지워진다

담 넘어 살짝이 향기 감추는 라일락
수탉 날개짓에 바라보는 외양간 소
모이주나 눈치 보는 알짓는소리의 암닭
들녘일 걱정에 뒷결 연장 챙기는 소리
어머니 부엌에서 아침상 들여가라 한다

빗줄기

굵어 올려보면
얼굴이 젖고
받쳐 든 우산에
마음이 젖는다

보슬비로 바뀌면
무엇이 젖을까
우산 접어 걷는 길
그날에 젖어 든다

버드나무의 노래

바람아 불지 마라
흔들려 춤 띄운들 누가 나를 바라볼까
어리는 물 속에 물고기 외면 하고
뒤 안 보고 흐르는 이 냇물이 기억 할까

길 건너 피는 꽃 둑 아래 지는 꽃
네 엄동설한 모은 꿈이 열흘이더냐
그래도 너희들은 찾아 오는 것이 있었고
누가 보았든 지워질 이름이라도 있을 것인데

이 청춘 훔쳐 간이 그 이가 청춘인가
늙기 서러워라 하루 한달 다른 몸
바라본 춤 구름 따라 늙는 몸 세월 따라
이 띄운 춤에 묻혀 모두 떠나는구나

사월의 그날

저무는 사월인가
가는 사월 열흘 안 꽃 속에 있겠지
이 꽃 지고 나면 어느 꽃이 피려나

초여름 부르는 아카시아꽃이 피면
찔레꽃도 기슭에서 따라 피어나고
그 저녁 바람도 함께 불겠지

보리밭 가는 길 조그마한 기슭
하루일 끝내며 저녁 무렵에 보던 꽃
언제나 쓸쓸히 그 찔레꽃 피겠지

꽃구경

가까운 서양 꽃이
먼 고향 그 꽃만이나 할까
자라며 늘 보았던 고향의 꽃
기쁨에 슬픔을 함께 했던 꽃
지워지지 않을 어느 꽃이 예쁘지 않을까

힘들었던 날에 지나쳤어도
풀 한 줌 욕심에 관심이 없었어도
손 발에 흙 묻히며 가슴에 새겨진 꽃
그 이름 다 몰라도 그리움에 남아 있고
시절로 돌아가 다시 보고 싶은 꽃이어라

허기의 노을

훤히 밝은 보릿고개의 아침
시절의 가르침은 너무 가혹하기만 했다
그 부족함 배우기를 그렇게 힘들어야 했나
날 밝기가 무서웠던 날에 굶은 아침
점심은 누런 양은 변또(도시락)에 꽁보리밥이었고
반찬은 곰삭은 새우젓이었다
학교 급식 강냉이 죽 그 강냉이 죽이
나의 차례까지 올까 왔어도 친구들에게 빼앗겨 못 먹었고
선생님 구박에 견딜 수가 없었다
누더기에 공부 못한 죄일까 허기에 맞는
굶은 회초리가 원망스러웠고
회초리가 없으면 선생님 슬리퍼 그리고 그 물컵
슬리퍼로 따귀에 머리까지 물컵으로 찍혀가며 안 맞은 곳이 없고
맞다보면 하늘이 아니라 앞이 노랗게 보였다
아이들의 없음 여김도 그 한몫을 하였다
집으로 오는 길 이웃 집 오이 따먹고 가지 따먹은 죄
가슴에 넣은 이 죄를 어떻게 씻을까
지금도 못 씻을 죄 가슴에 안고
노을진 보릿고개 넘어 그 언덕에 앉아
조용히 그날을 눈물로 삼킨다

봄 하늘

서릿발에 초봄은
올려본 하늘이 시렸는데
꽃 지는 끝자락에는
옷 소매가 올라간다

진달래 개나리 벚꽃 지는 봄
가는 봄 모르는 민들레는 언제 질까
초여름 부르는 민들레의 봄
앞서 진 홀씨에 담아 허공에 날린다

봄 바다 가는 길

들어선 두 갈래 길
어느 곳으로 가야 하나
이쪽으로 가면
나 자란 섬이고
다른 한 곳은
바라보던 섬이다

고향 길을 딛을까
그 섬을 찾아갈까
딛어진 고향 길
마음이 싫다 하고
찾아도 아무도 없는
마음의 고향일뿐

오막살이 집터에
쌓여진 굴 껍데기
조개 소라 껍데기
어머니의 흔적 그대로
갈매기가 읽어주는

옛 흔적만 남아 있을 것인데

기다림의 모래뭇은
파도에 휩쓸리고
모래뭇 잃은 아무도 없는 섬
누가 있어 찾아가 볼까
바라보던 그 섬 찾아
어머니의 섬 바라본다

연꽃

들리는 소리에 귀 얇아지고
보이는 것에 눈 어두운 인생

욕심의 것이 내 것인 것처럼
무엇을 위해 어떻게 살아 왔나

연꽃에 내린 이슬 연꽃의 것이 아니 듯
금잉어 노는 연못 연꽃이 바라본다

타향의 마음

나뭇가지 꺾어 쥐고 산에 오르노라면
우거진 숲 하늘 높이 흰 구름 지나가고
아직은 추운 음지 서늘하니 바람 분다
이 마을 뒷산 길 우리 고향도 그랬을까

누가 다녀 갔는지 다녔던 길인데
전에 보고 베던 파란 풀 뼘 자라고
밟히는 돌뿌리에 옛날도 차인다
조금만 더 오르면 정상이 되나

혼자 걷는 타향의 뒷산
미래의 그 마음 모아지고
이 생각 저 생각 먼 훗날까지
빈 주머니에 손 넣으며 정상에 오른다

산나물

봄 바구니의 그 꿈
보리밭에 묻히고
푸르른 오월의 봄
빈 자루에 담긴다

취나물 고사리
산더덕 도라지
이름은 몰라도
뜯는 산나물들

어느 기슭 찾아
얼만큼 뜯을까
내려보는 마을
산자락에 보리밭

올라온 이 기슭
우거져 못 딛고
못 채운 반자루
찔레꽃 찾는다

오월의 언덕

높고 낮은 우리의 꽃 다 지워지고
푸서리에 작은 꽃 큰 풀에 덮여간다
남은 아카시아꽃으로 보내는 봄
오월과 유월을 잇는 다리의 꽃이 될 것인데
아직 기다리기가 너무 이르다
그 기다리던 꽃들이 언제 지었나
언덕 위 갈참나무 그리고 오월 바람
녹색에 파란잎으로 서서히 덮여간다

며칠 후 다 덮으면 그 다음 찔레꽃
바람이라도 불면 어쩌나 하얀 찔레꽃
밭 둑으로 기슭으로 그리움 안고 피는 꽃
푸르른 오월의 그 파란 하늘
갈참나무 춤 띄우는 날 뻐꾹새 찾아 오고
다 넘어온 보릿고개 더 가까이
양지에 숨어 숨어 보리 이삭 영글린다

오월 저녁

바람 쓸쓸히 석양에 물들고
봇물에 삽 씻으니 걷은 바지 내려온다

물살에 어리는 어머니의 모습인가
들녘이 바라보는 고된 삶의 하루인가

봇물에 담근 발 시려워 올려놓고
씻은 손 저으니 하루가 저문다

효

어멈아
너는 나에게 열달을 물었어도

그 열달
나의 그 열달을 너에게 묻겠니

낳아 길러보니 그 아이가 어떻든
그래 그 아이 잘 키우거라

선택

이 순간이 버린
처음이 아니고
운명이 빼앗은
그날도 아니다

• 4부 •

그 산골

먼 산 저 앞산
누가 다녀간 이 있나
초가의 두 집 하늘만 보이고
물 한 모금에 우물 찾으니
뒷결 샘물등치에 바가지 엎어져 있다

인기척에 문 여는
백발의 할머니 누구요 누구요
아무 말씀 안 하시고 다시 들어간다
할 말 많으시고 사연도 있으시련만
산발에 뭉치는 몸 놓인 고무신이 말 할까

손바닥 크기의 툇마루 문 찢어져 끄을리고
기우는 집 양지 음지로 덮여간다
적막의 이곳에 얼마나 살으셨나
구불구불 떠나는 길 뒤돌아보는 길
오는 길 다랑이논 기슭에 뻐꾹새 소리 외롭다

고향 처녀

자라며 보았던
친구의 언니 누나였나
윗동네 아랫동네
그리고 우리 동네
더러는 먼 일가의
이모 고모도 있었는데

한참 안 보이더니
서울만 다녀오면
단발 머리 기르고
짧은 치마에 뾰족 구두
모두가 끈 긴 가방 멘다
어려서 보았어도
그 모습이 아닌 모습
서울만 다녀오면
저렇게 예뻐지나

그 밭일에 뽕밭 모내기까지
그 모습 어디 가고
저렇게 예뻐졌나

형(형)아들 지나다
휘바람 불면
괜히 차갑고 고상해진다

오월의 얼굴

잊혀지지 않았는데
잊혀진 것 같고
떠올리지 않았는데
슬며시 스쳐간다

그날들이 보내는 그 사람들
보냈어도 이제는 볼 수 없고
모습으로 서운함 그 고마움
이맘때면 더욱더 그 눈물에 섞인다

모두 모아 송홧가루로 덮어야 할
못 갚은 은혜에 보답 못한 죄인가
서운함에 찔린 상처 아물지 않아
그 상처 아물도록 시간으로 동겨 맨다

고향의 슬픔

산 넘고 개울 건너 산마루에 오르면
마루턱에 눈 안의 고향 한 눈에 들어오고
찾았던 뽕나무 고기 잡던 앞 개울
놀던 곳 울던 곳에 보리 익어간다

저 곳이 나 어릴적 뻐꾹새의 고향인가
인생을 배운 그날의 들녘인가
쓰러진 초가에 빈 집 기울고
어머니 그 곳에서 절구에 보리 찧는다

워낭의 노을

쟁기 준비의 주인 어른
어느 골짜기로 가려나
새벽녘 소쩍새 소리 먼동 틔우고
대청마루 제비 식구 아침을 알린다

쇠죽에 넣은 콩 쌀겨에 콩깍지
이른 아침 한 구융 다 먹어야 하나
주인 어른 오가며 들여다 보고
다 먹을때 기다리며 담뱃불 붙인다

생각 깊은 주인 어른
그 논마지기가 주인의 것이 아닌데
맡아놓은 다랑이 논 여기 저기 늘어놓고
수심 찬 담배연기 마루 끝에 날린다

이제 다 먹었으니 나서야 하나
이슬 차여 가는 길 워낭 소리 길 바쁘고
골짜기 논의 이랴이랴 워낭 소리 달랜다
점심나절 풀 뜯어 점심 때우는 들

산자락 그림자에 뻐꾹새 소리 멀어지고
해 넘어 바람 부니 노을빛에 춥다
골짜기 아래로 오는 길 풀 뜯으니 어서 가자
워낭 소리 개울 건너 그 노을에 젖어 든다

오월의 인연

잔디 방석에 제비꽃 모아
꽃반지 엮던 날
마주 보는 너와 나
무슨 말을 해야 할지

약속할 것도 아니고
맹세한 것도 아닌데
그저 눈빛으로
주고 받은 언약인가

그것이 영원 하자던
맹세의 약속이었다면
오늘을 위해 그 먼 훗날
이 꽃반지로 약속 하련다

파도의 노을

이름도 있었고
기억도 있었다
못 잊을 그 모습
먼 섬으로 가버리고
이 자리에 남은 흔적
파도에 휩쓸린다

바람에 실려 오는
잃어버린 날의
그 노을에 물드나
다시 한 번 돌아보며
옛날을 찾는다

사월의 일기

낙화에 사월 그믐
오월의 푸르름인 듯
하얀 날에 하얀 찔레
그 하얀 꽃 피어날까
아직 피어날 조금 먼 시간
뽕나무밭 뻐꾹새 찾아오면은
이미 지어 아카시아꽃 날리겠지

고향 하늘

파란 하늘에 흰 구름
보리밭 지날적에
그리움 섞인 눈물
함께 따라 흘러갔지

영그는 보리밭에
아카시아꽃 날리면
지나는 구름 멈춰서
그 아이 바라보고

한 줌의 아카시아꽃
보리밭에 뿌리면
보리 이삭 더 누렇게
음지도 누래질까

훑어 입에 못 넣고
보리밭에 뿌리던 날
바람도 나와 함께
더 멀리 뿌려줬지

어머니의 뜰

흰 고무신 닦아
돌 위에 올려놓고
우물둥치 앞산
한참을 바라본다

이 마루 끝 일어서
문밖 나서면
짚은 지팡이
어디로 데려갈까

다음이 있는 뻐꾹새
저 앞산의 푸르름
백발의 꿈 이 머리도
다음이 있는 것인가

몇 발짝의 천리 길
끌고 끌고온 몸
앉아 뭉쳐 들어가니
보는식구 곁눈이 싫구나

법당의 하늘

문 열어놓으니
스민 빛만 못하고
이 뜨락 비추는 달
어두움만 못하다

보이는 이 것이
누구의 욕심인가

들리는 풍경소리
하늘을 씻고
흐르는 물소리
시간을 씻는다

잃어버린 법당

뒷산 길 지나
두 고개 넘으면
어느 길인지 알 수 없고
누가 다닌 길인데
방향도 모른다

그저 어린 마음에
벗 주전자 채울 욕심뿐
벗 따러 다니다
우연히 만난 길이다
채우면 산등성이 넘어

다시 돌아 가야 하는 길
가는 길목에 암자가 있었다
기슭 골짜기에 조그마한 암자
들여다보니 아무도 없었고
거미줄에 기울어 법당 문이 떨어졌다

안쪽으로 들여다보니
무섭기도 무섭고

부처님에 칠성님전 그림도
떨어진 채 끄을려 너털댔다
누가 모셨던 이 법당의 부처였나

든 주전자 못 채우고 돌아 가는 길
살던 보살 떠났어도 살아 계신지
촛불 없는 법당 안 세월에 덮히고
기억의 부처님 떨어진 칠성님전에
못 채운그 벗주전자 조용히 놓아드립니다

중생의 마음

밤으로 달라지는 것이
사람의 마음인가
조석으로 바뀌는 것이
그 욕심의 그릇이고

덜어내어도 되련만
덜어내지 못하고
넘쳐 흘러도
주워 담는 사람들

그 그릇 채우느라
이웃에게 어떻게 했나
덜어내어 나누고
법당문 안 들어서세

오월의 산장

새로운 푸르름에 산새 소리 즐겁고
지는 꽃에 피는 꽃 이 산장 길 아름답다
걷는 길 음지에 흐르는 계곡의 물
어디서 어떻게 흘러 내리는지
맑은 물에 손 담그니 차가운 듯 시원하다

이 산장에 들어오며 둘러보는 산
산마다 저렇게 푸르른 것을
한겨울 덮힌 눈에 얼마나 추웠겠나
산봉우리에 가린 노을 어둠이 가리고
잠 못 드는 산장 홀로의 밤 외롭다

그 노을

오월 저녁 석양에 노을지고
불어오는 바람 갈참나무 눕힌다
잎 뒤집힌 갈참나무의 동쪽 동산
저 은빛 물결 얼마동안 빛날까
그 잠깐 지워져 보는 눈 쓸쓸하고

노을진 서쪽 하늘 마음 모아진다
볼수록 물드는 그리움의 노을
노을 따라 산 넘으면 그 모습이 보일까
누구의 이름 모습도 아니다
그저 물드는 마음의 그리움이다

파란 마음

찔레 꺾어 쥐고
아카시아꽃 훑던 날
그 아이의 파란 마음
입 안에 있었다

냇둑 길 오르며
가시 찔려 아프면
박힌 가시는 못 뺐었어도
그 눈물은 뺐었다

먼 오월

친구야
너의 얼굴이 이렇게 멀기만한 것인지
그나마 구름에 가려 보이질 않아
저 구름 산 넘으면 너의 모습이 보일까
너와 나의 오월 그렇게 가혹 할 수가 있어야 했는지
웃음 보다 눈물이 더 많았던 너와 나의 오월
어머니날에 스승의 날이 들어 있었고

그날들이 우리에게 더 눈물겹도록 힘들게 했지
뿌연히 송홧가루 날리는 다 오른 보릿고개에서 바라보노라면
누릇누릇 보리밭에 아카시아꽃 날렸었지
이제 그 시간 다 지나간 것 같아
아니 아직 너와 나의 가슴에 남아 있을지 몰라
길다면 긴 시간 너의 울 오동나무 향기 모아
오늘 이 아카시아꽃에 함께 뿌려 보련다

어머니의 꽃

찔레꽃에 꿈 묻던 날
그 세월에 우리를 얻었고
그 세월을 그렇게
우리 위해 희생 했다

지팡이에 힘 실어
문밖 나서던 날
볼까 하는 그 찔레꽃
못 보았던 어머니

우리들 바라보며
그 세월을 더듬는다
춥고 덥고 부채로 보낸 세월
남은 시간 모으며 손가락 접는다

어머니의 길

흉 많은 우리 동네
우리 어머니는 큰 신장로 두고
돌뿌리에 차이며 뒷산 길로 다니셨다
얏보는 가난일까
빨래터의 이야기거리인가
그 이야기거리 만들기 싫어
아침 저녁으로 뒷산 길로 다니셨다

들고 오면 들고 온다
갖고 가면 갖고 간다
부풀린 소문에 뉘집 옆편네
그 소리 듣기가 얼마나 싫었을까
옥양목 치마의 우리 어머니
치마폭에 밥 한 그릇 얻어 숨기고
얻은 옷가지 보따리에 이고 오셨다

석양의 들

소 몰고 오는 해 저무는 길
봇물에 어린 노을 바람에 춥고
지친 누렁이 소 송아지 찾는다

잠 재워야 할 이 들녘
이슬 차인 지친 하루였나
검둥개 마중 나와 징검다리에서 기다린다

메꽃의 기억

초판 1쇄 발행 2023년 8월 14일

지은이 이원문

펴낸이 임병천
펴낸곳 책나무출판사
출판신고 2004년 4월 22일 (제318-00034)

주소 서울시 영등포구 신길3동 325-70 3F
전화 02-338-1228 **팩스** 0505-866-8254
홈페이지 www.booktree.info

ISBN 978-89-6339-700-9 03810